SABRINA FAUDA-RÔLE

FOTOS VON AKIKO IDA

COOKIES
AUS DER PFANNE

JAN THORBECKE VERLAG

Pfannen-Cookies: unsere Sorten

Cookie-Klassiker

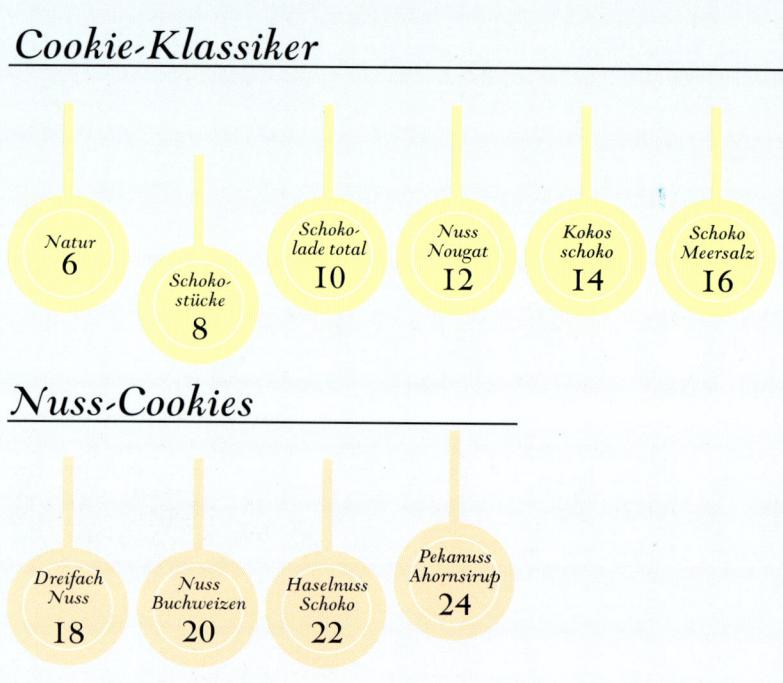

Natur
6

Schoko-
stücke
8

Schoko-
lade total
10

Nuss
Nougat
12

Kokos
schoko
14

Schoko
Meersalz
16

Nuss-Cookies

Dreifach
Nuss
18

Nuss
Buchweizen
20

Haselnuss
Schoko
22

Pekanuss
Ahornsirup
24

Frucht-Cookies

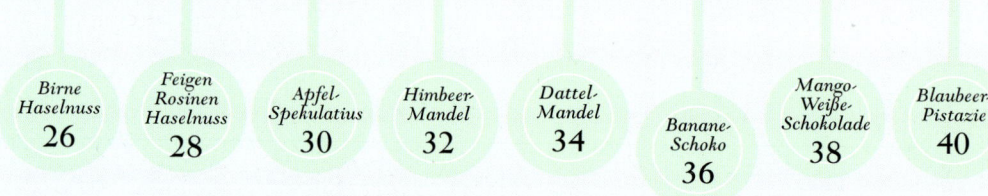

Birne
Haselnuss
26

Feigen
Rosinen
Haselnuss
28

Apfel-
Spekulatius
30

Himbeer-
Mandel
32

Dattel-
Mandel
34

Banane-
Schoko
36

Mango-
Weiße-
Schokolade
38

Blaubeer-
Pistazie
40

Überraschende Kombinationen

Erdnuss-
butter
42

Kaffee
Krokant
44

Nougat
Kirsche
46

Zitrone
Marzipan
48

Hafer
Cranberry
50

Hafer
Orange
Frischkäse
52

Zitrone
Kokos
Marshmallow
54

Weiße
Schokolade
Matcha
56

Honig
Pinienkerne
58

Quinoa
Schoko
60

Marone
Schoko
62

Sesam
64

Cookies Spezial

Kokos
66

Glutenfrei
68

Vegan
70

Pfannen-Cookie
Grundrezept

Hilfsgeräte

1 Antihaft-Pfanne mit dickem
 Boden (25 cm Durchmesser)
 + passender Deckel
1 Schneebesen
1 Teigspatel
Alternative: 1 großer Löffel
 oder 1 Pfannenwender

Schritt-für-Schritt-Anleitung

1. Die trockenen Zutaten mischen.
2. Die Butter auf sehr kleiner Flamme in der Pfanne schmelzen.
3. Vom Herd nehmen und 1 ganzes Ei (sowie, wenn vorgegeben,
 die flüssigen Zutaten) unterheben und mit dem Schneebesen
 gründlich durchrühren.
4. Die trockenen Zutaten bei niedrigster Temperatur unter
 die Masse in der Pfanne mischen und gut einrühren, bis
 ein glatter Teig entsteht. Mit einem Teigspatel oder einem
 großen Löffel die Oberfläche der Teigmasse in der Pfanne
 glatt streichen und 10 Minuten backen. Unterseite und Ränder
 des Cookies sollen danach durchgegart sein.

5. Den Belag dazugeben. Anschließend den Deckel auf die Pfanne decken und den Cookie 5 Minuten weiterbacken.

6. Den Deckel abnehmen, das Kondenswasser, das sich gebildet hat, abwischen und den Deckel wieder auf die Pfanne setzen. Die Pfanne vom Herd nehmen und den Cookie zugedeckt 15 Minuten abkühlen lassen.

Tipps & Tricks

Bei einer Pfanne ohne Antihaft-Beschichtung kann die Pfanne vor dem 2. Schritt der Zubereitung mit Backpapier ausgelegt werden.

Wichtig: Wenn Schokolade zu den Zutaten gehört, die Stücke wirklich nur leicht auf der Oberfläche andrücken und nicht untermischen. Wenn die Schokolade den Pfannenboden berührt, schmilzt sie, verteilt sich unter dem Teig, und der Cookie brennt an.

Bei der Zubereitung mehrerer kleinerer Cookies in einer Pfanne wird der Teig wie bis zu Schritt 3 beschrieben zubereitet, dann werden auf sehr kleiner Flamme die trockenen Zutaten hinzugefügt und zu einem glatten Teig verarbeitet. Anschließend die Teigmasse in eine Schüssel geben und mit einem großen Löffel kleine Teighäufchen in die Pfanne geben. Die einzelnen Teigteile glatt streichen, leicht flach andrücken und mit etwas verkürzter Garzeit wie beschrieben backen (5 Minuten + 3 Minuten). Der Vorgang wird wiederholt, bis der Teig aufgebraucht ist.

Cookie natur

In einer Pfanne mit
25 cm Durchmesser
Für 6 Personen

Zutaten
150 g Mehl
1 Teelöffel Backpulver
80 g Zucker
100 g gesalzene Butter
1 Ei

Zubereitung: 5 Minuten
Backzeit: 15 Minuten
Ruhezeit: 15 Minuten

Mehl, Backpulver und Zucker mischen. Die Butter auf sehr kleiner Flamme in der Pfanne schmelzen. Vom Feuer nehmen und das Ei dazugeben. Alles zusammen kräftig durchrühren.

Die Pfanne bei geringer Hitze auf den Herd zurückstellen, die trockenen Zutaten hinzufügen und zu einem glatten Teig verarbeiten.

Die Teigoberfläche glatt streichen und den Cookie 10 Minuten backen. Den Deckel auf die Pfanne setzen und weitere 5 Minuten backen. Vom Feuer nehmen und 15 Minuten unter dem Deckel abkühlen lassen.

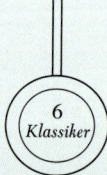

6
Klassiker

Cookie mit Schokostücken

In einer Pfanne mit
25 cm Durchmesser
Für 6 Personen

Zutaten

150 g Mehl
1 Teelöffel Backpulver
90 g Zucker
100 g gesalzene Butter
1 Ei
120 g Schokolade in Stücken
  (wahlweise der
  Geschmacksrichtungen Weiß,
  Milch, Bitter oder eine
  Mischung aus denselben)

Zubereitung: 5 Minuten
Backzeit: 15 Minuten
Ruhezeit: 15 Minuten

Das Mehl, Backpulver und den Zucker mischen. Die Butter auf sehr kleiner Flamme in einer Pfanne schmelzen. Vom Feuer nehmen, das Ei dazugeben und alles gründlich durchrühren.

Die Mehlmischung unterheben und auf sehr kleiner Flamme zu einem glatten Teig verrühren. Die Teigoberfläche glatt streichen und Schokoladenstücke auf den Teig setzen (nicht zu tief eindrücken, sonst brennen sie am Pfannenboden fest!).

Den Cookie 10 Minuten backen. Die Pfanne mit dem Deckel schließen und den Cookie weitere 5 Minuten backen. 15 Minuten unter dem Deckel abkühlen lassen.

8
Klassiker

Cookie Schokolade total

In einer Pfanne mit
25 cm Durchmesser
Für 6 Personen

Zutaten

150 g Mehl

1 Teelöffel Backpulver

10 g Kakaopulver

50 g Zucker

25 g Vollrohrzucker

100 g Salzbutter

1 Ei

50 g gehackte Schokolade
  (wahlweise Bitter-,
  Milch- oder/und weiße
  Schokolade)

Zubereitung: 5 Minuten
Backzeit: 15 Minuten
Ruhezeit: 15 Minuten

Mehl, Backpulver, Kakaopulver und die Zuckersorten mischen. Die Butter bei sehr schwacher Hitze in der Pfanne zerlassen. Vom Herd nehmen, das Ei einrühren und beides kräftig durchrühren.

Die Mehlmischung hinzufügen und auf sehr kleiner Flamme zu einem glatten Teig verrühren.

10 Minuten in der Pfanne backen. Anschließend die Schokoladenstücke in den Teig drücken (nicht zu tief eindrücken, sonst brennen sie am Pfannenboden an). Den Deckel auf die Pfanne legen und den Cookie 5 Minuten weiter backen. Vom Feuer nehmen und 15 Minuten bei geschlossenem Deckel abkühlen lassen.

10
Klassiker

Cookie mit Nuss-Nougat-Creme

In einer Pfanne mit
25 cm Durchmesser
Für 6 Personen

Zutaten

9 Teelöffel Nuss-Nougat-
 Creme
100 g Mehl
1 Teelöffel Backpulver
50 g gemahlene Mandeln
60 g Zucker
80 g gesalzene Butter
1 Ei
20 g gehackte Haselnüsse

Zubereitung: 10 Minuten
Backzeit: 15 Minuten
Ruhezeit: 30 + 15 Minuten

Ein Blatt Backpapier auf einen flachen Teller legen. Die Nuss-Nougat-Creme in kleinen Portionen auf dem Backpapier verteilen und 30 Minuten in den Kühlschrank stellen.

Mehl, Backpulver, gemahlene Mandeln und den Zucker gut vermengen. Die Butter auf sehr kleiner Flamme in der Pfanne schmelzen. Vom Feuer nehmen, das Ei untermischen und die Masse kräftig durchrühren.

Die Mehlmischung hinzufügen und auf sehr kleiner Flamme gründlich zu einem glatten Teig verarbeiten.

Die Teigoberfläche glatt streichen und 10 Minuten backen. Anschließend die Nuss-Nougat Creme-Portionen sowie die gehackten Nüsse leicht in den Teig drücken (nicht zu tief eindrücken, sonst brennt die Creme an). Den Pfannendeckel darüberlegen und 5 Minuten weiter backen. Vom Herd nehmen und zugedeckt 15 Minuten abkühlen lassen.

12
Klassiker

Kokos·Schoko·Cookie

*In einer Pfanne mit
25 cm Durchmesser.
Für 6 Personen*

Zutaten

100 g Mehl
1 Teelöffel Backpulver
80 g Schokotropfen
50 g + 1 Esslöffel
  Kokosraspel
60 g Zucker
80 g Salzbutter
1 Ei

Zubereitung: 5 Minuten
Backzeit: 15 Minuten
Ruhezeit: 15 Minuten

Das Mehl mit dem Backpulver, den Schokotropfen, 50 g
Kokosraspeln und dem Zucker vermischen. Die Butter auf sehr
kleiner Flamme in der Pfanne schmelzen. Vom Herd nehmen,
das Ei dazugeben und kräftig durchrühren.

Die Mehlmischung hinzufügen und alles auf kleiner Flamme
zu einem glatten Teig verarbeiten.

Die Teigoberfläche glatt streichen und 10 Minuten backen.
Anschließend die restlichen Kokosraspel über den Teig streuen.
Den Deckel darüberdecken und weitere 5 Minuten backen. Die
Pfanne vom Feuer nehmen und zugedeckt 15 Minuten abkühlen
lassen.

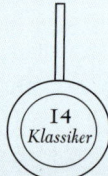

Milchschokoladen-Cookie
mit Meersalz

In einer Pfanne mit
25 cm Durchmesser
Für 6 Personen

Zutaten
150 g Mehl
1 Teelöffel Backpulver
60 g Zucker
100 g gesalzene Butter
1 Ei
100 g Milchschokolade,
  gehackt
3 Messerspitzen Meersalz
  (Fleur de Sel)

Zubereitung: 5 Minuten
Backzeit: 15 Minuten
Ruhezeit: 15 Minuten

Mehl, Backpulver und Zucker gut mischen. Anschließend die Butter in einer Pfanne bei schwacher Hitze schmelzen. Vom Herd nehmen, das Ei dazugeben und die Masse kräftig durchrühren.

Die Mehlmischung hinzufügen und auf kleinster Flamme zu einem glatten Teig verrühren.

Die Teigoberfläche glatt streichen. Die Schokoladenstücke leicht in den Teig drücken (nicht zu tief eindrücken, sonst brennen sie am Pfannenboden an). 10 Minuten backen und anschließend das Meersalz darüberstreuen. Den Deckel aufsetzen und weitere 5 Minuten backen. Die Pfanne vom Feuer nehmen und zugedeckt 15 Minuten ruhen lassen.

16
Klassiker

Dreifach·Nuss·Cookie

In einer Pfanne mit
25 cm Durchmesser
Für 6 Personen

Zutaten

150 g Mehl
1 Teelöffel Backpulver
30 g Zucker
1 Päckchen Vanillezucker
100 g gesalzene Butter
1 Ei
30 g Honig
25 g Mandeln
25 g Walnusskerne
25 g Cashewkerne

Zubereitung: 5 Minuten
Backzeit: 15 Minuten
Ruhezeit: 15 Minuten

Mehl, Backpulver und Zucker sowie Vanillezucker mischen. Die Butter auf kleinster Flamme in der Pfanne zerlassen. Vom Feuer nehmen. Ei und Honig dazugeben und kräftig einrühren.

Die Pfanne wieder auf den Herd stellen. Die Mehlmischung bei geringer Hitze unterheben und zu einer homogenen Masse verarbeiten.

Die Teigoberfläche glätten und 10 Minuten backen. Die gehackten Mandeln, Walnüsse und Cashewkerne in den Teig drücken, den Deckel aufsetzen und weitere 5 Minuten backen. Vom Feuer nehmen und zugedeckt 15 Minuten abkühlen lassen.

18
Nuss

Walnuss-Buchweizen-Cookie

In einer Pfanne von
25 cm Durchmesser
Für 6 Personen

Zutaten

25 g + 75 g Salzbutter
50 g Zucker
50 g Walnusskerne
100 g Weizenmehl
50 g Buchweizenmehl
1 Teelöffel Backpulver
75 g Vollrohrzucker
1 Ei

Zubereitung: 10 Minuten
Backzeit: 10 + 15 Minuten
Ruhezeit: 15 Minuten

25 g Salzbutter zusammen mit dem Zucker in der Pfanne schmelzen. Die Walnusskerne hinzufügen und 10 Minuten bei mittlerer Hitze unter ständigem Rühren karamellisieren. Auf ein Backpapier legen und erkalten lassen.

Die beiden Mehlsorten mit dem Backpulver und dem Vollrohrzucker gut mischen. Die restliche Butter in der Pfanne auf kleinster Flamme schmelzen. Vom Feuer nehmen und das Ei dazugeben. Kräftig mit dem Schneebesen durchrühren.

Die Mehlmischung hinzufügen und bei geringer Hitze alles zu einem glatten Teig verarbeiten.

Die Teigoberfläche glatt streichen und 10 Minuten backen. Die karamellisierten Nüsse in die Teigmasse drücken. Den Deckel darüberdecken und weitere 5 Minuten backen. Die Pfanne vom Herd nehmen und 15 Minuten zugedeckt abkühlen lassen.

20
Nuss

Haselnuss-Schoko-Cookie

In einer Pfanne von
25 cm Durchmesser
Für 6 Personen

Zutaten

100 g Mehl

1 Teelöffel Backpulver

50 g gemahlene Haselnüsse

70 g Zucker

100 g Salzbutter

1 Ei

50 g Milchschokolade mit
  Haselnüssen

15 g gehackte Haselnüsse

Zubereitung: 5 Minuten
Backzeit: 15 Minuten
Ruhezeit: 15 Minuten

Mehl, Backpulver, die gemahlenen Haselnüsse und den Zucker mischen. Die Butter auf kleinster Flamme in der Pfanne schmelzen. Vom Feuer nehmen, das Ei dazugeben und kräftig durchrühren.

Die Mehlmischung hinzufügen und auf kleinster Flamme verrühren, bis ein glatter Teig entsteht.

Den Teig in der Pfanne glatt streichen und 10 Minuten backen. Anschließend die Haselnussschokoladenstücke leicht in die Masse drücken und die gehackten Haselnüsse darüberstreuen (die Schokolade nicht zu tief eindrücken, sonst brennt sie am Pfannenboden an). Den Deckel daraufsetzen und weitere 5 Minuten backen. Die Pfanne vom Feuer nehmen und zugedeckt 15 Minuten abkühlen lassen.

Pekannuss-Cookie
mit Ahornsirup

In einer Pfanne von
25 cm Durchmesser
Für 6 Personen

Zutaten

150 g Dinkelmehl
1 Teelöffel Backpulver
100 g Pekannusskerne
25 g Zucker
100 g Salzbutter
1 Ei
50 g Ahornsirup

Zubereitung: 5 Minuten
Backzeit: 15 Minuten
Ruhezeit: 15 Minuten

Das Mehl mit dem Backpulver, den Pekannüssen und dem Zucker vermengen. Die Butter auf kleinster Flamme in der Pfanne zerlassen. Vom Feuer nehmen und das Ei dazugeben. Kräftig durchrühren.

Auf kleinem Feuer die Mehlmischung einrühren und zu einem glatten Teig verarbeiten.

Die Teigoberfläche in der Pfanne glatt streichen und 10 Minuten backen. Anschließend den Deckel daraufsetzen und alles weitere 5 Minuten garen. Vom Feuer nehmen und bedeckt 15 Minuten abkühlen lassen. Mit Ahornsirup beträufeln.

Birne-Haselnuss-Cookie

In einer Pfanne von
25 cm Durchmesser
Für 6 Personen

Zutaten

100 g + 1 nussgroßes Stück
  Salzbutter
70 g + 1 Esslöffel
  Vollrohrzucker
1 Birne, ohne Kerngehäuse,
  geschält und geachtelt
  (150 g)
100 g Mehl
1 Teelöffel Backpulver
50 g gemahlene Haselnüsse
1 Ei

Zubereitung: 10 Minuten
Backzeit: 10 + 15 Minuten
Ruhezeit: 15 Minuten

Das nussgroße Stück Butter mit dem Esslöffel Vollrohrzucker in der Pfanne schmelzen. Die Birnen-Achtel einlegen und auf jeder Seite 5 Minuten karamellisieren. Auf einem Teller vorhalten.

Das Mehl, Backpulver, die gemahlenen Haselnüsse und den restlichen Vollrohrzucker mischen.

100 g Salzbutter bei sehr kleiner Flamme in der Pfanne schmelzen. Vom Feuer nehmen und das Ei dazugeben. Alles kräftig durchrühren.

Die Pfanne zurück auf den Herd stellen. Die Mehlmischung unterheben und bei geringer Hitze alles zu einem glatten Teig verarbeiten. Die Birnenspalten leicht in den Teig drücken.

Die Oberfläche glatt streichen und 10 Minuten backen. Bei geschlossenem Deckel weitere 5 Minuten backen. Vom Feuer nehmen und unter dem Deckel 15 Minuten abkühlen lassen.

Feigen-Rosinen-Haselnuss-Cookie

In einer Pfanne von
25 cm Durchmesser
Für 6 Personen

Zutaten

150 g Dinkelmehl
1 Teelöffel Backpulver
50 g Vollrohrzucker
100 g Salzbutter
1 Ei
25 g Honig
25 g ganze Haselnüsse
50 g Rosinen
2 frische Feigen, geviertelt

Zubereitung: 5 Minuten
Backzeit: 15 Minuten
Ruhezeit: 15 Minuten

Das Mehl mit dem Backpulver und dem Zucker gut mischen. Die Butter in der Pfanne auf kleinster Flamme zerlassen. Vom Herd nehmen. Ei und Honig dazugeben. Die Masse kräftig durchrühren.

Bei sehr kleiner Hitze die Mehlmischung unterheben und zu einer glatten Teigmasse verrühren.

Die Teigoberfläche glatt streichen und 10 Minuten backen. Anschließend die Nüsse, die Rosinen und die Feigenviertel in den Teig drücken. Die Pfanne mit dem Deckel verschließen und den Cookie weitere 5 Minuten backen. In der geschlossenen Pfanne 15 Minuten abkühlen lassen.

Apfel·Karamellkeks·Cookie

In einer Pfanne von
25 cm Durchmesser
Für 6 Personen

Zutaten

1 Apfel (150 g), ohne
  Kerngehäuse und geachtelt
100 g + 1 walnussgroßes
  Stück Salzbutter
50 g + 1 Esslöffel Zucker
150 g Mehl
1 Teelöffel Backpulver
1 Ei
20 g Karamellkekse,
  zerstoßen (s.S.72)

Zubereitung: 10 Minuten
Backzeit: 10 + 15 Minuten
Ruhezeit: 15 Minuten

Die Apfelspalten in dem walnussgroßen Stück Salzbutter und einem Esslöffel Zucker in der Pfanne 10 Minuten karamellisieren. Dabei die Apfelstücke einmal wenden. Auf einem Teller beiseitestellen.

Mehl, Backpulver und den restlichen Zucker mischen. Die übrigen 100 g Butter auf kleinster Flamme in einer Pfanne zerlassen. Vom Feuer nehmen und das Ei dazugeben. Kräftig durchrühren.

Auf den Herd zurückstellen. Bei geringer Hitze die Mehlmischung unterheben und anschließend noch einmal zu einem glatten Teig verrühren.

Die Masse in der Pfanne glatt streichen und 10 Minuten backen. Anschließend die karamellisierten Apfelstücke und die Kekskrümel leicht in den Teig drücken. Den Deckel darüberlegen und 5 Minuten weiter backen. Vom Herd nehmen und zugedeckt 15 Minuten abkühlen lassen.

30
Frucht

Himbeer-Mandel-Cookie

In einer Pfanne von
25 cm Durchmesser
Für 6 Personen

Zutaten

15 g Mandelblätter
75 g Mehl
1 Teelöffel Backpulver
75 g gemahlene Mandeln
60 g Zucker
100 g gesalzene Butter
1 Ei
80 g Himbeeren

Zubereitung: 5 Minuten
Backzeit: 5 + 15 Minuten
Ruhezeit: 15 Minuten

Die Mandelblätter unter ständigem Rühren in einer Pfanne trocken rösten. Auf einem Teller vorhalten.

Mehl, Backpulver, die gemahlenen Mandeln und den Zucker gut mischen. Die Butter in der Pfanne auf kleinster Flamme schmelzen. Vom Feuer nehmen und das Ei dazugeben. Beides zusammen kräftig durchrühren.

Auf kleiner Flamme die Mehlmischung unterheben und zu einem glatten Teig verrühren.

Den Teig glatt streichen und 10 Minuten backen. Anschließend die Himbeeren leicht in den Teig drücken und die Mandelblätter darüberstreuen. Den Deckel aufsetzen und weitere 5 Minuten backen. In der geschlossenen Pfanne noch 15 Minuten abkühlen lassen.

Dattel-Mandel-Cookie

In einer Pfanne von
25 cm Durchmesser
Für 6 Personen

Zutaten

100 g Mehl

1 Teelöffel Backpulver

50 g gemahlene Mandeln

50 g Zucker

75 g Salzbutter

1 Ei

100 g entsteinte und
   gehackte Datteln +
   4 Datteln, halbiert

50 g Mandelmilch

8 Mandeln, grob gehackt

Zubereitung: 10 Minuten
Backzeit: 15 Minuten
Ruhezeit: 15 Minuten

Mehl, Backpulver, gemahlene Mandeln und den Zucker gut mischen. Die Butter in einer Pfanne auf kleinster Flamme zerlassen. Vom Feuer nehmen und das Ei, die gehackten Datteln und die Mandelmilch unterheben. Alles zusammen kräftig durchrühren.

Die Mehlmischung dazugeben und alles auf kleiner Flamme zu einer glatten Teigmasse verarbeiten.

Den Teig in der Pfanne glatt streichen und 10 Minuten backen. Anschließend die Dattelhälften und die grob gehackten Mandeln leicht in den Teig drücken. Den Deckel darüberdecken und weitere 5 Minuten backen. In der geschlossenen Pfanne 15 Minuten abkühlen lassen.

Bananen-Schoko-Cookie

In einer Pfanne von
25 cm Durchmesser
Für 6 Personen

Zutaten
150 g Mehl
1 Teelöffel Backpulver
70 g + 1 Esslöffel Zucker
2 Bananen, geschält und in
   Scheiben geschnitten
100 g + 1 walnussgroßes
   Stück Salzbutter
1 Ei
75 g Schokotropfen

Zubereitung: 10 Minuten
Backzeit: 10 + 15 Minuten
Ruhezeit: 15 Minuten

Das Mehl, das Backpulver und 70 g Zucker vermengen. Die Bananenscheiben im restlichen Zucker wenden.

Die Pfanne stark erhitzen und die Bananenscheiben mit dem Stück Salzbutter hineingeben, auf jeder Seite 5 Minuten karamellisieren, dann aus der Pfanne nehmen. 100 g Salzbutter bei stark reduzierter Hitze in der Pfanne schmelzen. Vom Herd nehmen und das Ei dazugeben. Beides zusammen kräftig durchrühren.

Die Mehlmischung bei geringer Hitze unterheben und anschließend alles zusammen kräftig zu einer glatten Masse verrühren.

Den Teig in der Pfanne glatt streichen, die Bananenscheiben leicht eindrücken und 10 Minuten backen. Die Schokotropfen darüberstreuen. Den Deckel aufsetzen und weitere 5 Minuten backen. In der geschlossenen Pfanne 15 Minuten abkühlen lassen.

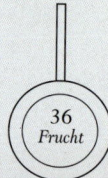

Mango·Schoko·Cookie

*In einer Pfanne von
25 cm Durchmesser
Für 6 Personen*

Zutaten

150 g Mehl

1 Teelöffel Backpulver

10 g Kokosraspel

50 g Zucker

20 g Vollrohrzucker

1 Päckchen Vanillezucker

100 g Salzbutter

1 Ei

½ geschälte Mango, in
   Streifen geschnitten

25 g weiße Schokolade, grob
   gehackt

Zubereitung: 5 Minuten
Backzeit: 15 Minuten
Ruhezeit: 15 Minuten

Mehl, Backpulver, die Kokosraspel und die drei Zuckersorten mischen. Die Butter auf kleinster Flamme in der Pfanne zerlassen. Vom Feuer nehmen und das Ei dazugeben. Beides zusammen kräftig durchrühren.

Die Pfanne zurück auf den Herd stellen und die Mehlmischung dazugeben. Bei geringer Hitze alles zu einer homogenen Masse verarbeiten. Die Mangostreifen in den Teig drücken.

Die Teigoberfläche leicht glätten und 10 Minuten backen. Anschließend die gehackte weiße Schokolade darüberstreuen und leicht andrücken (nicht zu tief eindrücken, sonst brennt sie am Pfannenboden an). Den Deckel aufsetzen und weitere 5 Minuten backen. In der geschlossenen Pfanne 15 Minuten abkühlen lassen.

Blaubeer-Pistazien-Cookie

In einer Pfanne von
25 cm Durchmesser
Für 6 Personen

Zutaten

100 g Mehl
1 Teelöffel Backpulver
80 g gemahlene Pistazien
80 g Zucker
100 g Salzbutter
1 Ei
60 g Blaubeeren
20 g Pistazienkerne,
  ungesalzen und gehackt

Zubereitung: 5 Minuten
Backzeit: 15 Minuten
Ruhezeit: 15 Minuten

Mehl, Backpulver, die gemahlenen Pistazien und den Zucker mischen. Die Butter in der Pfanne auf kleinster Flamme schmelzen. Vom Herd nehmen und das Ei dazugeben. Beides zusammen kräftig durchrühren.

Die Mehlmischung hinzufügen. Anschließend alles bei sehr geringer Hitze zu einer glatten Teigmasse verrühren.

Den Teig in der Pfanne glatt streichen und 10 Minuten backen. Die Blaubeeren leicht in den Teig drücken und die gehackten Pistazien darüberstreuen. Die Pfanne mit dem Deckel verschließen und den Cookie weitere 5 Minuten backen. Vom Feuer nehmen und in der geschlossenen Pfanne 15 Minuten abkühlen lassen.

Erdnussbutter-Cookie

In einer Pfanne von
25 cm Durchmesser
Für 6 Personen

Zutaten

150 g Mehl

1 Teelöffel Backpulver

60 g Zucker

1 Päckchen Vanillezucker

50 g Salzbutter

1 Ei

80 g Erdnussbutter

50 g Schoko-Erdnüsse,
  gehackt

Zubereitung: 5 Minuten
Backzeit: 15 Minuten
Ruhezeit: 15 Minuten

Das Mehl, Backpulver, Zucker und Vanillezucker mischen.
Auf kleinem Feuer die Butter in der Pfanne zerlassen.
Vom Herd nehmen und das Ei und die Erdnussbutter einrühren.
Dann kräftig durchrühren.

Auf kleiner Flamme die Mehlmischung dazugeben und alles zu
einer glatten Teigmasse verarbeiten.

Die Teigoberfläche in der Pfanne glatt streichen und den
Cookie 10 Minuten backen. Die gehackten Schoko-Erdnüsse
darüberstreuen. Den Deckel auf die Pfanne setzen und den
Cookie weitere 5 Minuten backen. Anschließend vom Feuer nehmen
und in der geschlossenen Pfanne 15 Minuten abkühlen lassen.

Kaffee-Krokant-Cookie

In einer Pfanne von
25 cm Durchmesser
Für 6 Personen

Zutaten

125 g Mehl
1 Teelöffel Backpulver
70 g Zucker
50 g Krokant
3 Teelöffel löslicher Kaffee
1 Esslöffel Milch
100 g Salzbutter
1 Ei

Zubereitung: 5 Minuten
Backzeit: 15 Minuten
Ruhezeit: 15 Minuten

Das Mehl mit dem Backpulver, dem Zucker und dem Krokant mischen. Den Instantkaffee in der Milch auflösen. Die Butter auf kleinster Flamme in der Pfanne schmelzen. Anschließend vom Feuer nehmen, das Ei dazugeben und beides kräftig durchrühren. Die Kaffee-Milch einrühren.

Bei sehr kleiner Hitze die Mehlmischung hinzufügen und zusammen zu einer glatten Teigmasse verarbeiten.

Die Teigoberfläche in der Pfanne glatt streichen und 10 Minuten backen. Den Deckel daraufsetzen und weitere 5 Minuten backen. In der geschlossenen Pfanne 15 Minuten abkühlen lassen.

Nougat-Kirsch-Cookie

In einer Pfanne von
25 cm Durchmesser
Für 6 Personen

Zutaten

100 g Mehl
1 Teelöffel Backpulver
50 g gemahlene Mandeln
80 g Zucker
100 g Salzbutter
1 Ei
100 g Kirschen
  (Tiefkühlware zuvor
  auftauen)
50 g weißer Nougat
  (türkischer Honig)

Zubereitung: 5 Minuten
Backzeit: 20 Minuten
Ruhezeit: 15 Minuten

Mehl, Backpulver, gemahlene Mandeln und den Zucker mischen. Die Butter auf kleiner Flamme in der Pfanne zerlassen. Vom Feuer nehmen und das Ei dazugeben. Beides kräftig durchrühren.

Bei kleinster Flamme wieder auf den Herd stellen, die Mehlmischung unterheben und alles zusammen zu einer glatten Teigmasse verrühren.

Die Teigoberfläche in der Pfanne glatt streichen und 10 Minuten backen. Anschließend die Kirschen und die Nougatstücke in den Teig drücken (nicht zu tief eindrücken, sonst brennt der Nougat am Pfannenboden an). Den Deckel daraufsetzen und den Cookie weitere 10 Minuten backen. In der geschlossenen Pfanne 15 Minuten abkühlen lassen.

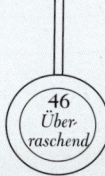

Zitronen-Marzipan-Cookie

In einer Pfanne von
25 cm Durchmesser
Für 6 Personen

Zutaten

150 g Mehl
1 Teelöffel Backpulver
65 g Zucker
1 Päckchen Vanillezucker
100 g Salzbutter
1 Ei
Saft, Zesten und
  Schalenabrieb von
  ½ Zitrone (s.S. 72)
50 g Marzipanrohmasse,
  gewürfelt

Zubereitung: 5 Minuten
Backzeit: 15 Minuten
Ruhezeit: 15 Minuten

Mehl, Backpulver und Zucker mit Vanillezucker gut mischen. Die Butter auf kleiner Flamme in der Pfanne schmelzen. Vom Feuer nehmen und das Ei, den Zitronensaft und den Zitronenabrieb dazugeben (ein paar Zesten zurückbehalten). Dann kräftig durchrühren.

Auf kleiner Flamme die Mehlmischung unter die Masse in der Pfanne heben und zu einem glatten Teig verarbeiten.

Die Teigoberfläche in der Pfanne glatt streichen und 10 Minuten backen. Anschließend die Marzipanwürfel in den Teig drücken. Bei geschlossenem Deckel weitere 5 Minuten backen. Anschließend vom Herd nehmen und in der geschlossenen Pfanne noch 15 Minuten abkühlen lassen. Mit Zitronenzesten garnieren.

Hafer-Cranberry-Cookie

In einer Pfanne von
25 cm Durchmesser
Für 6 Personen

Zutaten

50 g Mehl
1 Teelöffel Backpulver
100 g Haferflocken
50 g getrocknete Cranberries
70 g Zucker
1 Päckchen Vanillezucker
75 g Salzbutter
1 Ei

Zubereitung: 5 Minuten
Backzeit: 15 Minuten
Ruhezeit: 15 Minuten

Mehl, Backpulver, Haferflocken, Cranberries, Zucker und Vanillezucker gut mischen. In einer Pfanne auf kleinster Flamme die Butter zerlassen. Vom Feuer nehmen, das Ei dazugeben und kräftig durchrühren.

Die Mehlmischung bei geringer Hitze in die Pfanne geben, unterheben und zu einem glatten Teig verrühren.

Die Teigoberfläche in der Pfanne glatt streichen und 10 Minuten backen. Den Deckel daraufsetzen und den Cookie weitere 5 Minuten backen. In der geschlossenen Pfanne 15 Minuten abkühlen lassen.

50
Über-
raschend

Hafer-Orange-Cookie
mit Frischkäse

In einer Pfanne von
25 cm Durchmesser
Für 6 Personen

Zutaten

70 g Mehl
1 Teelöffel Backpulver
100 g Haferflocken
1 Messerspritze Zimt
70 g Zucker
1 Päckchen Vanillezucker
50 g gesalzene Butter
1 Ei
100 g Frischkäse (Typ:
   Philadelphia), in Stücke
   geschnitten
Saft von ½ Orange
Zesten und Schalenabrieb von
   1 Orange (s. S. 72)

Zubereitung: 5 Minuten
Backzeit: 15 Minuten
Ruhezeit: 15 Minuten

Mehl, Backpulver, Haferflocken, Zimt und Zucker sowie Vanillezucker mischen. Die Butter auf kleinster Flamme in der Pfanne zum Schmelzen bringen. Vom Feuer nehmen, das Ei, 50 g Frischkäse, den Orangensaft und den Abrieb der Orangenschale dazugeben. Dann kräftig durchrühren.

Die Mehlmischung auf kleiner Flamme unterheben und alles zu einer glatten Masse verrühren.

Den Teig in der Pfanne glatt streichen und 10 Minuten backen. Anschließend den restlichen Frischkäse darübergeben. Den Deckel daraufsetzen und den Cookie weitere 5 Minuten backen. Vom Feuer nehmen und zugedeckt 15 Minuten abkühlen lassen. Zuletzt mit den restlichen Orangenzesten bestreuen.

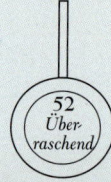

Zitronen-Kokos-Cookie
mit Marshmallows

In einer Pfanne von
25 cm Durchmesser
Für 6 Personen

Zutaten

20 g frische Kokosspäne
150 g Mehl
1 Teelöffel Backpulver
50 g Zucker
1 Päckchen Vanillezucker
100 g gesalzene Butter
1 Ei
1 Esslöffel Kokoscreme
Zesten, abgeriebene Schale
   und Saft von
   ½ Limette (s. S. 72)
20 g Marshmallows, in kleine
   Stücke geschnitten

Zubereitung: 10 Minuten
Backzeit: 10 + 15 Minuten
Ruhezeit: 15 Minuten

Die frischen Kokosspäne in einer Pfanne unter ständigem Rühren 5 bis 10 Minuten lang leicht rösten. Auf einem Teller vorhalten.

Das Mehl, Backpulver und den Zucker mit dem Vanillezucker mischen. Die Butter bei geringer Hitze in der Pfanne zerlassen. Vom Feuer nehmen und das Ei, den Limetten-Saft und die abgeriebene Schale sowie die Kokoscreme dazugeben. Dann kräftig durchrühren.

Die Pfanne auf den Herd zurückstellen. Bei geringer Hitze die Mehlmischung dazugeben und alles zusammen zu einem glatten Teig verarbeiten.

Die Teigoberfläche in der Pfanne glatt streichen und 10 Minuten backen. Anschließend die Marshmallow-Stücke und die gerösteten Kokosspäne in den Teig drücken. Den Deckel aufsetzen und weitere 5 Minuten backen. Vom Herd nehmen und zugedeckt 15 Minuten abkühlen lassen. Die Limetten-Zesten darüberstreuen.

Weiße Schokolade-Matcha Cookie

In einer Pfanne von
25 cm Durchmesser
Für 6 Personen

Zutaten

100 g Mehl
1 Teelöffel Backpulver
50 g gemahlene Mandeln
1 Teelöffel Matcha-Tee
60 g Zucker
80 g gesalzene Butter
1 Ei
50 g weiße Schokolade,
  gehackt

Zubereitung: 5 Minuten
Backzeit: 15 Minuten
Ruhezeit: 15 Minuten

Das Mehl mit dem Backpulver, den gemahlenen Mandeln, dem Matcha-Tee und dem Zucker gut mischen. Die Butter in einer Pfanne auf kleiner Flamme schmelzen. Vom Feuer nehmen und das Ei dazugeben. Beides kräftig durchrühren.

Die Pfanne wieder auf den Herd stellen. Auf sehr kleiner Flamme die Mehlmischung unterheben und zu einem glatten Teig verarbeiten.

Die Teigoberfläche in der Pfanne glätten und 10 Minuten backen. Anschließend die Schokoladenstücke in den Teig drücken (nicht zu tief eindrücken, sonst brennen sie am Pfannenboden an). Den Deckel daraufsetzen und 5 Minuten weiter backen. Vom Feuer nehmen und 15 Minuten zugedeckt abkühlen lassen.

Honig-Pinienkern-Cookie

In einer Pfanne von
25 cm Durchmesser
Für 6 Personen

Zutaten

50 g Pinienkerne
150 g Mehl
1 Teelöffel Backpulver
20 g gemahlene Mandeln
50 g Zucker
100 g Salzbutter
1 Ei
50 g Honig

Zubereitung: 5 Minuten
Backzeit: 10 + 15 Minuten
Ruhezeit: 15 Minuten

Die Pinienkerne in einer Pfanne ohne Fett 5 Minuten unter ständigem Rühren rösten. Auf einem Teller bereitstellen.

Das Mehl mit dem Backpulver, den gemahlenen Mandeln und dem Zucker vermengen. Die Butter in einer Pfanne auf sehr kleiner Flamme zerlassen. Vom Feuer nehmen und das Ei mit dem Honig dazugeben. Dann kräftig durchrühren.

Die Mehlmischung bei sehr schwacher Hitze unter den Pfanneninhalt heben und alles zu einer homogenen Teigmasse verarbeiten. Die Pinienkerne darüberstreuen.

Die Teigoberfläche in der Pfanne leicht glatt streichen und 10 Minuten backen. Den Deckel daraufsetzen und weitere 5 Minuten backen. Vom Herd nehmen und 15 Minuten zugedeckt abkühlen lassen.

Quinoa-Schoko Cookie

In einer Pfanne von
25 cm Durchmesser
Für 6 Personen

Zutaten

100 g Mehl
1 Teelöffel Backpulver
75 g Zucker
75 g gesalzene Butter
1 Ei
100 g gekochte Quinoa
20 g Schokotropfen

Zubereitung: 5 Minuten
Backzeit: 15 Minuten
Ruhezeit: 15 Minuten

Das Mehl, Backpulver und Zucker mischen. Die Butter auf kleinster Flamme in der Pfanne zerlassen. Vom Herd nehmen. Das Ei und die gekochte Quinoa einrühren. Dann kräftig durchrühren.

Die Mehlmischung bei geringer Hitze in die Pfanne geben und zu einem glatten Teig verarbeiten. Die Schokotropfen locker darüberstreuen.

Den Teig in der Pfanne glatt streichen und 10 Minuten backen. Abdecken und weitere 5 Minuten backen. Vom Herd nehmen und zugedeckt 15 Minuten abkühlen lassen.

60
Über-
raschend

Maronen-Schoko-Cookie

In einer Pfanne von
25 cm Durchmesser
Für 6 Personen

Zutaten

100 g Mehl

50 g Kastanienmehl (s. S. 72)

1 Teelöffel Backpulver

40 g Zucker

100 g Salzbutter

1 Ei

100 g Maronen-Creme
  (s. S. 72)

50 g Schoko-Tropfen

Zubereitung: 5 Minuten
Backzeit: 15 Minuten
Ruhezeit: 15 Minuten

Die beiden Mehlsorten, das Backpulver und den Zucker gut
mischen. Die Butter in einer Pfanne auf sehr kleiner Flamme
schmelzen. Vom Herd nehmen und das Ei mit der Maronen-Creme
einrühren. Dann kräftig durchrühren.

Die Mehlmischung bei geringer Hitze in die Pfanne geben
und alles gründlich zu einem glatten Teig verarbeiten.

Die Teigoberfläche in der Pfanne glatt streichen und
10 Minuten backen. Die Schokotropfen darüberstreuen.
Den Deckel aufsetzen und weitere 5 Minuten backen.
Vom Herd nehmen und zugedeckt 15 Minuten abkühlen lassen.

Sesam-Cookie

*In einer Pfanne von
25 cm Durchmesser
Für 6 Personen*

Zutaten

30 g + 1 Esslöffel
  Sesamsamen
2 Esslöffel Vollrohrzucker
150 g Mehl
1 Teelöffel Backpulver
80 g Zucker
50 g Salzbutter
1 Ei
100 g Sesammus (Tahin)

*Zubereitung: 5 Minuten
Backzeit: 15 Minuten
Ruhezeit: 15 Minuten*

1 Esslöffel Sesamsamen mit 1 Esslöffel Vollrohrzucker in einer
Pfanne 5 Minuten karamellisieren. Auf einem Teller vorhalten.

Das Mehl mit dem Backpulver, 80 g Zucker und den restlichen
Sesamsamen mischen. Die Butter auf kleinster Flamme in einer
Pfanne schmelzen. Vom Herd nehmen. Das Ei und das Sesammus
in die Pfanne geben und kräftig durchrühren.

Die Mehlmischung bei milder Hitze ebenfalls in die Pfanne
geben und kräftig zu einem glatten Teig verarbeiten.

Die Teigoberfläche in der Pfanne glätten und 10 Minuten
backen. Anschließend den restlichen Vollrohrzucker und die
karamellisierten Sesamsamen darüberstreuen. Den Deckel
darüberdecken und weitere 5 Minuten backen. Vom Herd nehmen
und 15 Minuten zugedeckt abkühlen lassen.

Kokos-Cookie

*In einer Pfanne von
25 cm Durchmesser
Für 6 Personen*

Zutaten

100 g Kokosnussmehl
50 g Kokosraspel
70 g Kokosblütenzucker
1 Teelöffel Backpulver
100 g Kokosfett
2 Eier
4 Esslöffel Kokosnussmilch

Zubereitung: 5 Minuten
Backzeit: 15 Minuten
Ruhezeit: 15 Minuten

Das Mehl, die Kokosraspeln, Zucker und Backpulver mischen. Das Kokosfett in einer Pfanne bei niedriger Temperatur schmelzen. Vom Herd nehmen. Die Eier und die Kokosmilch einrühren. Dann kräftig durchrühren.

Die Mehlmischung auf kleiner Flamme dazugeben und die Masse zu einem glatten Teig verrühren.

Glattstreichen und 10 Minuten backen. Anschließend den Cookie auf einen Teller stürzen. Den Cookie umgekehrt (mit der Unterseite nach oben) zurück in die Pfanne gleiten lassen, um auch diese Seite des Cookies weitere 10 Minuten knusprig zu braten. Vom Feuer nehmen und 15 Minuten abkühlen lassen.

Glutenfreier Cookie

In einer Pfanne von
25 cm Durchmesser
Für 6 Personen

Zutaten

100 g Cashewkerne
75 g Reismehl
75 g Maisstärke
1 Teelöffel Backpulver
  (glutenfrei)
80 g Vollrohrzucker
100 g Salzbutter
1 Ei

Zubereitung: 10 Minuten
Backzeit: 5 + 15 Minuten
Ruhezeit: 15 Minuten

Die Cashewkerne in einer Pfanne unter ständigem Rühren bei großer Hitze 5 Minuten rösten. Auf einem Teller bereitstellen.

Das Reismehl, die Maisstärke, das Backpulver und den Zucker gut mischen. Die Butter in einer Pfanne auf kleinstem Feuer zerlassen. Vom Herd nehmen, das Ei hinzufügen und beides zusammen kräftig durchrühren.

Die Mehlmischung bei geringer Hitze in die Pfanne geben und alles zu einem glatten Teig verarbeiten.

Die Teigoberfläche glatt streichen und 10 Minuten backen. Anschließend die Cashewkerne darüberstreuen. Den Deckel aufsetzen und weitere 5 Minuten backen. Vom Feuer nehmen und 15 Minuten zugedeckt abkühlen lassen.

Vegane Cookies

*In einer Pfanne von
25 cm Durchmesser
Für 6 Personen*

Zutaten

40 g Bio-Honig (oder
    Ahornsirup)
150 g Mandelmus
2 Esslöffel vegane Milch-
    Alternative (Mandel,
    Haselnuss, Reis etc.)
100 g Mehl
1 Teelöffel Backpulver
50 g gemahlene Mandeln
40 g Vollrohrzucker
Garnitur nach Wahl
    (Schokotropfen oder
    gehackte Schokolade,
    Trockenfrüchte, etc.)

*Zubereitung: 10 Minuten
Backzeit: 15 Minuten
Ruhezeit: 30 Minuten*

Den Honig mit dem Mandelmus und der veganen Milch-Alternative mischen. Mehl, Backpulver, gemahlene Mandeln und den Zucker dazugeben. Kräftig zu einer glatten Masse verrühren.

Aus dem Teig 8 kleine Kugeln formen. Diese leicht flach drücken. Die Pfanne auf kleiner Flamme heiß werden lassen und 4 Teigteile einlegen. Den Deckel darüberdecken und 7 bis 10 Minuten backen. Anschließend die unterschiedlichen Garnituren Ihrer Wahl in den Teig drücken (Schokolade nicht zu tief eindrücken, sonst brennt sie am Pfannenboden an).

Erneut den Deckel daraufsetzen und 5 Minuten weiter backen. Aus der Pfanne nehmen und auf einem Rost 15 Minuten auskühlen lassen. Anschließend die restlichen 4 Teigteile in die Pfanne geben, nach der beschriebenen Methode backen und wiederum 15 Minuten abkühlen lassen.

In einigen Rezepten wird **Abrieb** der Schale von Zitrusfrüchten verwendet. Hierzu nur unbehandelte Bio-Früchte verwenden. Für den Teig am besten die oberste, farbige Schicht der Schale dünn mit einer feinen Reibe abhobeln. Zum Bestreuen des Cookies ein paar längere Streifen („Zesten") mit einem Sparschäler oder Zestenreißer dünn aus der derselben Schicht herausschneiden.

Karamellkekse gibt es im Supermarkt z. B. von Lotus (Biscoff).

Kastanien- oder Maronimehl gibt es in größeren Supermärkten oder in Bioläden und Reformhäusern, oft im Regal für glutenfreie Produkte.

Maronencreme (Crème de Marrons) ist eine französische Spezialität. Im deutschen Supermarkt gibt es sie im Glas, z. B. von der Marke Bonne Maman, oder in kleinen Dosen, z. B. von Faugier, meist im Regal für Brotaufstrich.

Aus dem Französischen von Christine Frauendorf-Mössel
© der französischen Originalausgabe unter dem Titel Cookies à la poêle: Hachette Livre, Marabout, Paris 2017
© der deutschen Übersetzung 2018 Jan Thorbecke Verlag,
ein Unternehmen der Verlagsgruppe Patmos
in der Schwabenverlag AG, Ostfildern
www.thorbecke.de

Umschlaggestaltung: Finken und Bumiller, Stuttgart
Fotos: Akiko Ida
Satz: Schwabenverlag AG, Ostfildern
Gedruckt in China
ISBN 978-3-7995-1288-6 (Print)
ISBN 978-3-7995-1297-8 (eBook)